Jessica Mach & Peter Aurisch

REAL FOOD IS SOMETHING YOU SHARE

FÜR ALLE.

Dieses Buch ist für alle, die uns in drei Jahren Abenteuer Gastronomie begleitet haben.
Ihr habt Laauma lebendig gemacht und uns gezeigt wie wertvoll es ist,
an seine Ideen zu glauben. Danke!

-bring-
your own
~~mind~~ box